아프리카 개구리

전종옥 시집

아프리카 개구리

만인사

자서

별 좋은 봄날이었다.
뚜벅뚜벅 늘보걸음으로
두레밥상에 앉은 붙박이
새카맣게 타는 냄비 속보다 더 뜨거웠다.
태워도 타지 않는 시의 물 속
긴 빨대를 꽂고 오물거렸다.
뱉어낸 씨앗 하나
파란 싹 내민다.

차 례

2

차 례

3

4

1

인기척

나 홀로 있는 빈집에
여기저기서 부스럭거린다
일순간 귀가 쭈뼛쭈뼛
누가 왔나
인기척을 따라 간다
문짝이 뒤틀리고
덜커덩 냉장고가 돌아가고
포개놓은 밥그릇이 미끄러져
제각각 관절을 펴고 있다

며칠째 조용한 가족 카톡방
이모티콘 하나로 노크를 한다
우루루 보내오는 활자의 인기척
자음자음 모음모음
ㅎㅎ ㅠㅠ

탄화목

비온 뒤
양치질처럼 개운한 봄날
찻집 하나 온데간데 없이 사라졌다

성암산 골짜기 지붕 위에 파란 이끼가 문패인 집 하꼬방 쪽문 들어서면 다육이방 서너 개 자리하고 산중에 아방궁, 구석진 방에서 너와 말차 한 잔에 취해 깊은 산속, 깊은 속마음 털어놓던 곳 새 한 마리 날아들어와 친구하자던 산장찻집 있었다

오늘도 그 골짝 올라가면
연분홍 진달래 반갑게 피어있고
계곡 향해 가지 뻗은 생강꽃 노란 행진하는데
돌아올 수 없는 너
그 찻집,
참나무 밑둥치 검게 탄 자국
썩은 이빨 하나가 아픈 봄날이다

모과나라

단골 과일나라에서
해마다 얻어오는 노란 모과 서너 개
차 안에 넣어두고 잘게 썰어 설탕에 재운다

올 가을 모과는 덜 익은 방콕행이다
푸르스름한 이쪽은 바다
누르스름한 저쪽은 육지
책상 위에서 빙빙 돌아가는
향기 나는 지구본이다
방안 구석구석 코 걸음으로
세계는 하나되어 돌아다닌다

향기 새어나가는 모과나라

집

뼈대만 남기고
낡은 아파트 리모델링 공사했다
묵은 흔적 전염병처럼 온 집에 퍼져
숨구멍까지 차올랐다
이리 재고 저리 재고
딱 맞는 맞춤으로 새 집을 지었다

여전히 헌 집 냄새가 난다
새 집이 되기 전에 따라다니던 가구며 액자
손 때 묻은 살림살이 버릴 수 없는 것들이다

고칠 수도
새로 지을 수도 없는, 헌 집 한 채
그녀는
긴 세월 너머 오다
주름은 절벽에 다다랐고
그림자놀이로 오락가락한다

방문

방마다 길 낸
집 안에 작은 마을

방 지나는 산책로
살금살금 그 길 따라간다
내다보이는 집들 경계선 어딘지
발 딛는 풍경마다 닮았다
길목에 만난 밤
네모진 구멍 하나씩 지운다

두드린 흔적
넘어선 기억도 없다
막힌 벽

언제쯤 하마 입 벌리고
무장해제하려는지
저편 세계가 궁금하다

힙노스*

올 시간이 되었는데
올 시간이 지났는데도
나는 심지 없는 밤을 보내고
시간은 쌍심지 켜고 찰각찰각 달린다
무거운 눈꺼풀 위에 졸음이 앉고
큰 하품 속에 뱃고동소리 울리면
나만의 자세로 또 다시
너를 부를까 힙노스,
무심하게 안겨있는 이불은
턱밑에 바짝 당겨놓고
한쪽 발은 바깥으로 숨구멍처럼 내민다
오늘밤도 보채고 있는 잠을 위해
두 손 가슴에 올려 토닥이고 있을게
어서와 스르르 꿈속으로 데려가줘

---

*그리스 신화에 나오는 잠의 신

쪽잠

늘 여닫는 생각은 가슴 속에 차곡차곡 담아두고 작은 딸 이사한다고 34층 빌딩 서랍장 한 칸 안에 풀 옵션으로 불려왔다 아홉 평 원룸은 풀 옵션이다 외따로 앉으면 장식장이 되고 거울 하나 올리면 화장대되던 5 칸짜리 흰색 서랍장 빈 통장 하나 버리듯이 제 무게 값도 못 받고 다른 가구들과 고물상에 버려졌다 내 오지랖 넓히듯 수납장 넓혀가며 풀어놓은 이삿짐 제자리 찾아 들어가고 그 서랍장 속에 잠자던 것들, 저물도록 누울 자리 없어 방바닥에 벽돌처럼 쌓아 쪽잠을 재웠다

웃음소리

말없는 집이다

책상 앞에 집중이라 크게 붙여놓고 말이 필요 없는 중1 중2 사춘기와 새벽 같이 출근하여 말로 산다며 집에만 오면 입 봉하는 사십대 가장 늘 말이 고프다는 그녀

휴일이면 이 집만이 정해진 정석이 있다
낮 12시 땡, 쪼르르 거실로 나오는 가족들
빙 둘러앉아 TV 속에 들어간다

하하 호호 허허
느닷없는 웃음소리 이 가족의 대화법이다
TV 속에 반쯤 들어간 그녀
ㅡ왜 왜 뭔데 뭔데?
그녀는 이 집에서 한국말 못 알아듣는 딱 한 사람이 되었다

삼복더위에

혼자 TV 앞에 잘 익은 수박웃음 앉히고

ㅡ아~ 하하하

도둑

그가 조용히 옆에 앉으라며 나를 부른다
"관리실에서 알립니다 각 세대는 집을 비울시 문단속 잘 하시기 바랍니다"
그는 놀라지는 말고 의연하라했다
나는 바닥으로 주저앉으며
얼마 전 아파트가 흔들리던 지진이라 생각하고 싶었다
당장 어디 어떻게 해야 할지?
이미 파도는 배보다 높이 차오르고
밤새 떨면서도 파도를 견딜만한 심력을 키워야했다

흰 가운 입은 칼잡이 전문가는
도둑은 늘 가까이 있다며
그를 유력한 용의자로 지목하고 확신에 찬 어조로
그러기위해선 내 협조가 필요하다며
바로 훔쳐간 자리 강도 높은 표적조사에 들어갔다
작정하고 훔쳐 간 도둑이라
언제 또 올지 모르니
5년간은 조심하라고 당부하였다

베란다

새 아파트로 이사를 했다
쿵쾅 쿵쾅
아침부터 새집 뜯어 고치는 소리가 난다
집집마다 앞뒤 베란다 트며 집 평수 넓히고 있다

우리 집 베란다
빨래 널고 젖은 우산 말리는데
남들은 꽃 심어 꽃밭 만들고 채소 심어 채소밭 만들기도
귀에 걸면 귀걸이 코에 걸면 코걸이되는 베란다

이마가 넓으면 공짜 바란다는데
앞짱구 뒤짱구 우리 아이
고칠 수 없는
남들보다 튀어나온 서비스 면적 같다

누수

위층 아래층 구멍이 뚫렸다
벽을 타고 새는 물
하얗게 칠해진 페인트 벽은 허물되어 벗겨지고
아래층 바닥은 장마철 뒷골목처럼 질퍽하다
지난 해 혈관이 뚫렸던 사스가 그랬듯이
새는 물 잡는다고 위층으로 거슬러 올라갔다

새는 물 잡고
젖은 벽 마르고 덧칠하면 된다더니
누수도 사고인지
사고현장 사진 찍고 견적 내고
사고 경위 조사를 했다

위층 아래층
벽 하나 사이 두고
촉촉이 젖어드는 이웃사촌이다

속수무책

산이 내다보이는
베란다 창문
아침 일찍 금이 생겼다
유리벽 따라
칼 길을 그어가며 가파른 산행을 한다

유리알 같았던
너와 나 사이 금이 생겼다
보이지 않는 상처로 눈물이 새고
속수무책 번져가는 물살
쌓아온 오랜 믿음은
산산조각으로 부서지는

보이지 않는
벽 속에 생긴 금 캄캄한 절벽이다

고개마루

범물동 끝자락에
오동나무 한 그루 우뚝 서 있고
그 아래 삐거덕거리는 유리문
쉴 틈 없이 미시오 당기시오 한다
조심스러울 것 하나 없는 편안한 식당
손님들은 족집게 점집 찾아오듯
용하게 찾아오는 숨어있는 밥집이다

옛 이야기 풀어내는 늙수그레한 손님들
출근부 도장 찍듯 찾아와 그릇 수 채운다
가타부타 말없이 집밥 정식 고수하는데
밀물처럼 왔다가는 점심시간
헌 호마이카상 열두 번 닦아내는 식당이다

정식 밥값 오천 원
머리 희끗희끗한 여주인의 집밥이
제대로 먹히고 있는 고개마루 식당
때 되면 그 고개로 범이 내려온다는 소문 자자하고

지름길

사람 머리 위에도 길이 생겼다
앞산을 쳐다보듯
모노레일 따라 가다 보면
종점 사이 집들이 있다
빠르게 가는 지상철 아래 크고 작은 차들
이리저리 차선 바꾸며 느리게 집으로 간다

딸아이 신랑감 구한다고 소개팅 나가 봐도
삼십대 대머리 아저씨 나와 있고
마음에 든다 싶으면 역시나 감감 무소식
시원찮은 내 시 소재 찾는다고
산그늘에 앉아보고
수국 보러 저만치 따라가 봐도
시 한 줄 떠오르지 않는 여름 오후

소낙비 한 줄기 때리듯
탁 치는 시 같은 사윗감 구하는데
똑바른 지름길 어디 없나요?

신발

딸에게 헐렁한 신발만 신겼다
어릴 적 그 신발 닳기도 전에
조막만한 발이 먼저 커질까봐
허리끈 졸라매었다
어쩌다 넘어져 다친 발 퉁퉁 붓고 절뚝거리면
신발에 딱 한 번 맞는 발이 되었다

선풍기 앞에서 낯선 두 발을 보았다
벌어진 발가락 열 개
마당 쓸 빗자루 같고 보트처럼 커진 그 발
딸의 헌 신발은 내 차지
내 발보다 큰 신이 자꾸만 벗겨져
하얀 깔창 하나 덧댄 모양 빠진 신발
허리춤이 자꾸 올라간다

밥상

아침 밥상 차릴 시간에
TV에서는
높은 밥상 하나를 두고
내려오는지 마는지
이 방송 저 방송마다 숨이 차다
나는 밥주걱을 들었다 놓았다 했다

출근길 인사도 밥상 타령이다
탄핵 D-day
—오늘 좀 시끄럽겠어요
—그 밥상에 숟가락 걸친 사람이나 하라하고
농사군은 농사짓고 공무원은 일하고
그러면 조용합니다

나의 천직은 밥상이다

어떤 걱정

세류정 앞 도로 난간 속으로
곤줄박이 한 마리 들어갔다 나왔다 한다
뻥 뚫린 구멍 속에는
지푸라기 몇 잎 이불요 깔고
입구 향해 새끼 네 마리 웅크리고 있다
저 일을 어쩌나
후끈 달아오른 연통 같은 양철 난간 위에
나뭇가지라도 꺾어 덮어줄까?
키 큰 버즘나무 그늘이 잠시 내려오는 오후
세류정 정자에 세월이 흐르고
새끼새 어서 자라 숲으로 날아가길

2

자동문

나는 그를 알지 못했다 같은 공간에서 얼굴을 익히고 같은 차를 타고 같은 차를 마셔도 여전히 모르는 사람이다 꽃문이 서서히 열리듯 어디 사는지 무슨 생각하는지 그의 말문 조금씩 열린다 제왕절개하고 사주가 좋은 날을 출생일 맞춘다는 것은 소문이 아니다 인큐베이터 들어가지 않아도 미숙아기 마찬가지 자주 만난다고 그를 안다고 말 못한다 압력솥 추가 돌아가고 추가 멈추고 김이 서서히 빠지는 안전거리가 필요하다 예정일 못 채우고 나온 아기 덜 여문 씨앗 달이 찰 때까지 서로 익숙해질 때까지 함부로 두드릴 수 없다 열리지 않는 문은 당기지 말고 두고 볼일이다 안에서 밀고 밖에서 당기면 그와 나는 소통한다 문이 열리고 닫는 반작용에 가끔 삐걱거리며 소리가 난다 자체 점검 신호음이다

틈

난생처음,
달콤한 꿀병에 모이는 개미비행

영하의 날씨 칭칭 동여매고
생고생 떠나는 공항에는
까만 개미들이 난지도 그리고 있다
자유비행 티켓 하나 들고서
삼삼오오 짝을 이루는 여행객 속에
내 덩치보다 큰 짐을 끌고 간다
검은 외투, 검은머리, 검은 가방 꿰찬 볼록한 배
늦은 저녁 늘어진 개미 팔자는
돌틈 사이 빠져나온 까만 띠
개미들의 행렬이다

개미 손금 들여다보듯
출국심사 마치고
놀고먹는 개미, 일하는 일개미
하늘 향해 비행한다

일기

나의 하루가
턱 없이 넘어가길 바라며
신명을 다 바친 남산자락에 그믐달이 떴다
어둠 벽에 홀로 앉은 대숲
멀리서 들리는 산짐승 울음소리에
길 없는 바람도 무서워 대숲으로 숨는다
바스라지게 떠는 댓잎 소리
나는 온 몸으로 밀어낸다

나는 신명을 낸다
댓잎 하나 꽂은 외줄 타는 무녀가 되고
대나무가지 흔들리듯 신들린 나
길 가는 바람도 춤을 추면
마디마디 물 마른
속 빈 대나무도 길게 구부린다

핑퐁핑퐁

경계 넘어서는
긴 드라이브를 한다

무료 탁구교실에서 탁구를 배운 나는
탁구 라켓도 잡을 줄 모르는 그에겐 선생이다
어디로 튈지 모르는
탁구공 따라
공 만한 눈 굴리며
오늘도 내일도 수직네트 사이 두고
둘이 서로 치고받는다

탁구대 안에서
게임 시작 전 공손히 절하고
날아간 공 찾으러 이리 뛰고 저리 뛰는데
모래 속 숨긴 거북이알 같은 탁구공 위력
나는 느닷없이 스매싱 날려주었다

평평하다

녹지대 공사판에는
불독 같은 불도저 왕왕 소리내며
첫삽부터 밀어붙이고 있다
되는 것도 안 되는 것도 없는
청춘은 맨발로 왔다

흙인지 돌인지 알 바 없는
높은 언덕 깊은 계곡 파고 들면
바위며 나무는 뿌리 채 뽑혀지고
간밤에 내린 폭설 치워내듯
막무가내 황무지 밀어내고 있다

뭐하나 뭐하지 뭐할까
청춘은 고요히 여물지고
평평하게 다져진 신도시
섬 하나 생겨났다

계단

오래된 아파트 재개발한다
초고층 엘리베이터로 한물간
가족이란 첫 둥지 틀었던 5층 아파트
그곳엔 층층을 연결하는 도미노 선반 위에
온갖 신발 무게 올린 빈 공간이 있다
한 때 시커먼 십구공탄 짊어지고 무거운 발걸음
수직 절벽이 두려웠던 흑인 아닌 흑인이 있었다
고사리 손잡고 숫자 세며 폭 좁은 바닥에
크기 다른 두 발이 한 단 한 단 짚었던
늦은 밤 발자국에 귀기울이면
요란한 실로폰 소리에 사라져간 여운
문 없는 어귀 위로 오르락내리락
허물어질 심장이 뛰었던 곳

까마득한 50층
한 걸음도 올릴 수 없는 엘리베이터가
거기에서 거기로 오르내린다
날개 접은 새떼들 비상을 꿈꾸며

빈 가지 끝에 매달려 까치발 세우는 한낮
날개 없는 말단 샐러리맨
담배연기 피어올리는 초고층 비상구에는
이무기가 산처럼 서 있다

싸움 오브제

사고파는 우권(牛券)에
물물이 걸려드는 청도 소싸움장
앞산만한 씨름선수 다리 걸듯
황토링 안에 황소 두 마리 뿔을 건다

오밤중 뿔쌈하는 황씨 부부
우당탕탕 살림살이 걷어차며 온 동네 깨운다

고삐 풀린 오후 2시
불붙은 황소 두 마리
이리 치고 저리 치며 밀치기 한다
등판에 찍힌 청색, 홍색 도장밥에 진 치는 관중
몸 따로 마음 따로 순한 황소눈망울로
사심 없는 싸움질한다

흥정은 붙이고 싸움은 말리랬다고
건너편 뿔난 남자
—잠 좀 잡시다

제압하는 황소고집 청타이거
뒷걸음치다 휘청거리는 홍골통이
승자도 패자도 없는
저 뿔쌈은

화분

비 내리는 진밭골 산림공원 입구
검은 구렁이 한 마리 구불구불 산으로 올라가고
빈 화분들도 줄지어 길 안내한다

계절마다 꽃이 피고
온갖 새소리 물소리 들리는 곳에
조각조각 사기그릇으로 깨어지는 햇살
흙과 마주하며 낯설게 앉아 있다

어느 창가 해바라기하다
빗물로 헛배만 채우는 빈 둥지
이 비 그치면
흐려진 이마 또다시 말갛게 드러날까

그 너머 바위벽
파란 이끼꽃 피어 큰 화분되어 있다

돌아오는 길

노란 은행나무가 실린 책 속장에 반하였습니다 몇 날 며칠이 지나도 그 생각 떨쳐버리지 못하고 청도 가는 버스를 타고 덜커덩 덜커덩 시골길을 급하게 달립니다 창가에 내 비친 맑은 호수며 길가 작은 가게 차린 풍성한 가을도 쉬 지나치며 오직 한 그루 노란 은행나무만 눈앞에 있었습니다

또 다시
그 길을 돌아옵니다
길 옆 비스듬히 땅을 붙잡은
색 바랜 꽃이며
물소리 멈춘 실개천
그 풀숲
이름 모르는 거친 풀들은
단풍꽃으로 누운 가을입니다

흑갈색 3호

가을이 오고
증거인멸로
어둠 배경에는 밝음이 있다
한지 위에 먹칠하는 평면 그림
평면 넘어서는 머리 정수리에
송충이 한 마리 마른 수풀 사이 길을 낸다
희고 검은 일치의 불화가
희끗희끗 비둘기 깃털 같은 나이 어물쩍 털린다
잿빛 현실 덮어버리는 시간의 속임수
뿌리 거스르는 선택의 마지노선
어둠이 밝음을 지워내는 것이다
검은 물 세례 아래
명석말이 수건 한 장 담을 쌓고
남아있는 여백 하혈한 검은 피
펼쳐보면 양단간 검은 물 격조이다
철저한 숙면의 시간동안 목에 깁스하자
한지 위에 그려진
미동 없는 검은 유희가 불편한 것처럼

먹물 든 마음
하얗게 지워 줄 흑갈색 3호 세트
“택배 왔습니다”

아프리카 개구리·1

움츠린 내 어깨 위에
볼품없는 작은 개구리 한 마리가
저 놀던 물만 끌어안고 맨 몸으로 같이 살자한다
어떤 살림 차릴까?
동네방네 돌고 돌아 용궁 하나 꾸며주고
태생이 우물인가?
샘물 길러 편한 숨 쉬게 하니
이런 동거 4년째이다
올챙이 시절 어디 가고
몸집 커져 두꺼비로 보이지만 산소 머금은 미끈한 피부이다
달빛이 비치는 밤,
그 풍경 쓸쓸해 살며시 들여다보니
벌거벗은 긴 다리 지붕 위에 걸치고
밤새 뜬눈으로 보내는 영락없는 사춘기이다
짓궂은 노크 소리에
콧구멍 벌렁벌렁 튀는 눈 껌벅
벌건 궁둥이 쑥스럽게 보이고는

깊은 점프로 얼른 숨어버리는
아직도 여긴 낯선 타국

아프리카 개구리·2

12월 첫 날이었다
잿빛 하늘이 어두운 그날
힘내라는 작은 외침에도
너는 5년 살다 용궁으로 돌아갔다
겨울이면 고향 생각 간절한
아프리카 개구리
양수 속에서
열 달 채우기도 전에 지워진
오래 전 내 뱃속 태아였을까?
돌고 돌아서 느지막이 다시 만난 인연
고사리손 잡지도 안아 보지도
수족관 얕은 물이 가로막았다
인기척에 경기하는
어리고 어린 아가야
촉촉한 눈으로 빤히 쳐다볼 때
어르지만 말고 숨바꼭질만 하지 말고
사랑한다고 말해줄 걸

회초리

잔디 안에 들어가지 마시오!

스타디움 축구경기장에 세워진 하얀 막대 잔디를 보호하는 회초리이다 회초리 감도 안 되는 검은 물체 하나가 혼자 재주껏 놀고 있다 이리 뛰고 저리 뛰는 까만 강아지 같고 누웠다 앉았다 앙탈 부리는 검은 길고양이 같고 비상하다 방송을 때리는 굵은 회초리에도 내 두 눈도 무지막지 잔디를 밟고 있다 검은 물체는 점점 넓은 잔디 위를 휘젓는 축구공이 되고 있다 세상만사는 다 바람 따라 오고 가고 이리 차이고 저리 차이는 축구공 드디어, 아웃이 되었다 담벼락 아래 검은 비닐봉지 한 장 펄럭거린다

잔디 안에 들어가지 마세요!

고택을 부채질하다

남평문씨 세거지
대청마루 건너 부채전한다

광거당(廣居堂) 편액도 같이 어울리는
부채 속 양반이 춤추고 있다
지음(知音)은
세상이 나를 몰라도 나를 알아주는 너 있으면
앞마당 회화나무 한 그루 허공에서 관람한다

생은 공이라며 공들여 새긴 부채손
누마루에 앉아 차 마실 벗 부르고
벽에 걸린 액자 흥 잃으면 오도가도 못하는데
촘촘하게 박힌 부채살 들고날 바람이란다
본디 너를 보러가는 것은 흥이 나서
흥 다하면 돌아간다는 방대(訪戴)는
첩첩산 아래 높은 기와집 부채질하고
모여드는 발걸음
시커먼 마루 삐거덕거린다

너를 향해 일으키는 바람 식지 않은 나
광거당 뜰에 핀 함박꽃 작약
부채춤 추며 화답하고 있다

외딴섬

허공에 붉은 눈
인적 없는 골목길에
올 사람 있다며 기다리고 섰다
저린 발 세우고 밤새우고 있다
내 마음 외딴섬
그대처럼

3

예의

이 방 저 방 문 열어놓고 청소하는데
거실에 쫓겨나온 그가 꼭 한 소리한다
대문짝만한 내 엉덩이 문이 비좁다고
청소기 돌리며 문지방 나올 때 조심하라 한다

재수 좋니 나쁘니 따지는 시어른 뵈러 가는데
펑퍼짐한 내 엉덩이 길 비좁다며
그가 서너 걸음 뒤따라온다
어른집 앞에선
나를 밀어제치고 먼저 들어가는 그 남자
호랑말코 예의가 그렇다고

명이 장아찌

절여진 울릉도 명이나물
퇴근길에 얻어 온 검은 비닐봉지 다섯 개
새까만 양복 입은 손에 들고 왔다
절인 굴비도 멀리하는 식성인데

빈 김치통 하나로 옮겨 담으며
"집집마다 식성이 다른데 이렇게 많이요?"
봄 한 철 울릉도 섬사람 연명했다는 명이나물
몇 년째 나 모르게 약도 먹고
아파도 어디 어떻다고 내색 않는 그는
평소 유난 떨며 걱정하는 나 때문이라는
그 사실 금방 알아챘지만

작년 신체검사 재검 나오고
인터넷 찾아본 대장에 미치는 효능
배 타고 온 명의였다

바릿밥

한 톨 쌀알도 섬기던 시절
금방 퍼담은 뚜껑 덮은 뜨거운 바릿밥
장롱 속 나란히 개어진 솜이불 사이에 재운다
때 놓친 식사시간
먹성 좋은 밥그릇 임자
허기진 배 안고 들어오면
이불장 깊숙이 재워둔 온기 그대로
소반 위에 무겁게 앉는다
소복하게 담긴 기름기 없는 보리밥
씻은 듯 비운 상머슴 만들었던 그 밥그릇은
번들거리며 닦아 모신 상전이다
지금은 밥상 서열 없어진 그 자리
뚜껑 없는 작은 밥공기가 식탁 위에 오르지만
행주치마로 감싸던 묵직한 놋쇠 밥그릇
내 기억 속에 녹슬고 있다

가뭄

안방 벽장 안 괘짝이 자물쇠 물고 있었다
사남매 등교 앞에 자동으로 열렸던 금고였다
포 떼고 차 떼고 남는 것 없다던 아버지 월급
가끔 그곳에 쓰나미 찾아오면
책이며 옷이며 다 물려받았던 나는
제일 먼저 가뭄이 들었다
세월 지나 아버지 옆에 홀가분한 끝물이 되자
책이며 옷도 새 것으로 사 주고 조금은 호사스런 손 벌려도
아버지는 웃으시며 금고문 열었다

딸딸 끌어모아
끄트머리 딸아이에게
서울 변두리 작은 원룸 한 칸 얻어주었다
신입 월급으로 월세 내고 화장품 사고 오고가는 교통비 쓰고 나면
남는 것 없더란다
언제 닭장 같은 집 장만하나 대책 없다며

하늘에는 조물주가 있고 땅에는 건물주가 있다는데
내 집에 물주는 왜 없냐는 듯
나는 우리 집 금고 바닥까지 탈탈 털고 오면서
아버지 웃음이 슬며시 생각났다

어머니의 각도

마음 따라 몸 따라
불 켜진 도시 밤바다가 초행길인 어머니는
작은 차가 꼬리 물고 서 있는 택시정거장
—손님을 목적지까지 친절히 모시겠습니다
어슴푸레 보이는 노란 완장

—새끼차는 뭐 먹고 사노?
젖 먹는 송아지 강아지 바라보듯
한 번씩 시골집 다녀가는 내 작은 차 뒤에
어머니 마음이 따라왔다

검은 바닷길 같은 4차선 도로
가다 멈추고 가다 멈추는
큰 차, 작은 차 엇박자다
몸집 작은 차
달칵달칵 계단 밟아 올라가는 택시미터기 숫자

—새끼차 밥 많이 묵더라

어머니의 빨래

내 눈은 늘 빨랫줄에 감겼다

내 손으로 한 번도
빨아준 적 없는 감춰진 빨래가 있다
앞마당 울타리 옆 사시사철 사철나무는
그녀의 상설 빨랫줄이었다
촘촘한 홈질로 낡은 남자 팬티 앞섶 꿰맨
그녀의 허름한 팬티는
젖은 나뭇잎 위에 널려 있었다

푹푹 삶아도 되는 면 백프로
그녀의 백 사이즈 연분홍 팬티 세 장은
장롱 위에 각통 채로 모셔져 있고

사남매 백양백색 속 빨래하며
무단히 잘 지내시다가
일회용 보솜이 적시는 어머니

간

삼복더위
살짝살짝 프라이팬에 김 구워내듯
발 디딜 틈 없이 달아오를 즈음
아이들은 방학 어른들은 휴가
주부는 비상근무이다

싹싹 비비는 왕파리 한 마리
앉을 자리 없어 웽 날아가고
삶은 꽁보리밥 소쿠리 담아 시렁에 얹혀놓고
먹을 것 없으니 버릴 것도 없는
막막한 부뚜막
찬물에 밥만 말아도 맛있다는 여름손님 찾아오면
땀 많은 우리 엄마
마루 끝에 매달려 손국수 민다
진땀 한 방울까지 보태어
손님상에 딱 떨어지는 간을 맞추었다

붙박이

집 안 인물은 장롱이었다
집집이 안방에 장롱 하나씩 있었는데
그 속에 옷 걸고 이불 넣고
칸칸 서랍에 차곡차곡 철지난 옷 채우고
귀중품 하나씩 넣어두었다

이사 온 새 아파트는 붙박이장이다
둘 자리 없는 멀쩡한 장롱 버려지고
나도 한때 집에만 붙어있는 붙박이였다
지금은
쪼르르 현관문 나서고
집 앞에 궁전, 문화센터로 향하는
외출 중 붙박이다

오월 풍경

서울행 기차 타고 딸아이 결혼식 간다
내일 입을 혼주 한복 선반 위에 올려두고
그 위로 터널과 터널 길게 지나간다

이미 너는 집을 떠나 있었지만
나는 늘 너를 향해 있었다
옷장 속 간직한 교복 꺼내어
가끔은 혼자 말 걸기도
최선이란 가훈에 최선을 다한 너
일기예보도 내일 날씨 맑다하고
굽이치며 빠져나오는 기찻길
청명한 하늘에는 부케 같은 흰구름 하나 떠 있다

식장 안 가득 메운 하객
아무도 보이지 않는데
내 품에 달려와 안기던 너는
오월의 신부되어
하얀 드레스 입고 저쪽에서 걸어오고

연분홍 한복 입고 촛불 밝힌 나는
앉아서 박수 치며
잘 살라는 탯줄 같은 주문 걸었다

영역 표시

몇 년째 비어있는 시골집
잡초 우거진 빈집
풀도 뽑고 채소 가꾼다고 가끔 들여다보면
이웃집 강아지 한 마리 달려와 반긴다
갈 때마다 주인 따르듯 따르는 강아지
고기며 먹을 것 주었더니
부엌까지 따라 들어오려고 쭈뼛거린다
아무도 없는 빈집일 때
수시로 드나들며 군데군데 제 영역 표시해놓고
낯선 사람 들어오면
제집 지키듯 왕왕거리며 앙칼지게 짖는다

잎이 무성한 나무
풀이 자라지 못하도록
그늘 내리고 제 영역 표시하는데
어느 날 내 똥강아지
훌쩍 자라서
반쯤 열어두는 방문 앞에

굵은 고딕체로 노크

“엄마 내 방 절대로 그냥 들어오지 마”

그림자

송이버섯처럼 모여 있는 작은 초가마을에
식구인양 지내는 친척 할아버지 한 분
아는 게 많아 약초 캐 파는 안다이 할아버지
어느 날 엄마가 만든 고무줄치마와는 비교도 안 되는
끈 달린 꽃무늬 원피스를 가지고 오셨다
우리는 원피스 입고 나비되어 나풀거렸다
어느 날 그 옷 입은 동생 개울에 빠져 다치자
엄마는 그림자 있는 옷이라며 버리고 말았다
늘 그림자처럼 나타나는
하얀 두루마기 입은 안다이 할아버지

4학년 올라가는 첫날
드르륵, 앞문이 열렸다
"옥아"
노란 미제연필 두 자루 손에 쥐어주고 가셨다
어두운 호롱불 밑에 숙제라도 하면
"천재다 천재"
칭찬을 특급으로 해주며 머리도 천만 번 쓰다듬어주

셨다

아침 해 기울어 서산으로 넘어가고
사라진 그림자 하나
우리 집 지붕 위로 허연 적삼이 올라갔다
곡소리 없는 천막 아래서
열두 살 나는 난생 처음 목놓아 울었다

하행선

그가 세상 떠났다는 기별 받고
한달음에 경부선 새벽차 탔다
멀리 보이는 가로등 불빛
검은 제복에 달린 별처럼 반짝인다
떠날 사람 다 떠나는 경부선 하행선
시간을 놓쳐버린 자동차
어두운 새벽 짐 지고 줄지어 달린다

제 어미 죽은 줄 모르고
문상객 앞에 조선 심부름 다하며
좋아 좋아서 날뛰었던 여덟 살 철부지
삯바느질에 아끼던 재봉틀까지 팔아
공부시켜주었다고
술 한 잔 취하면 혀 짧은 소리로
"형수 덕 다 압니다"

내 손에 키운 자식 같은 그
서울 가야 별 딴다고

그 별 하나 가슴에 달고 고향 내려오면
온 동네 자랑으로 술잔치하였다
두벌 장가 들어 속 끓이다가
안주 없는 술만 늘어나고
검은 제복 영정사진 형수요하며 내려다본다
술 한 트럭 채우고 떠난 그

"잘 가시게 아지뱀요"

낙장불입

해마다 명절 다음날은
처갓집에서 동양화판 벌린다
뒤집은 담요 한 장 방바닥에 딱 붙여
그 위에 내기 그림 깔면
서먹하던 동서지간 한 덤불 오광패꾼 된다
갓 쓴 선비 같은 뚝심으로 소매자락 걷어올려도
무릎 앞 판돈에 자꾸만 손이 가는 만년 초짜
훈수 드는 장모손 그 앞에 어슬렁거린다

모두가 한통속
하하 호호 허허
돌아가는 막판
남아 있는 끗발에
흔들고 선 잡은 매운 손
쪽박 쓰고 판 접을 줄 모르는 손
낙장불입 없는
한판 놀다가는 손님들이다

새댁

앞산 언덕바지에 방 두 칸을 얻었습니다 파란 잔디가 곱게 누운 정원은 이삿날 작은 세간 잠시 펼쳐놓기가 송구할 만큼 호사스런 2층 저택 단풍나무 사이로 돌아앉은 문간방 방 두 개 나란히 붙어있지만 한 쪽 방은 늘 잠겨 있는 비밀스런 문도 있습니다 부뚜막 없는 앉은뱅이 부엌에는 작은 찬장, 쑥 뽑아 올라온 수도꼭지, 당겨진 빨래줄 간소한 살림은 절간같이 맑았습니다 주인 아줌마 세련된 서울 말씨에 주눅도 들었지만 가끔 집 봐달라면 주인집 살림 요리조리 훔쳐도 보았습니다 어느 날 새댁 눈에 눈물 고일 때 세상을 아는 불혹 나이였을까요 주인집 부부 인생 선배 되고자 잠긴 문을 열었습니다 주인집 거실과 새댁 방은 문 하나 사이로 오고 갔습니다

삼동서

산모서리 길모퉁이
굽이쳐 성묘 가는 길
가지가지 새파란 잎들
밭마다 판을 짰네

오래 묵힌 밭
코스모스 꽃이 한 가득 피었네
한 집안에 시집 온 삼동서
꽃밭 손님으로 불려들어가
찰칵찰칵
활짝 웃는 세 여자 친구 먹었네
서울 대구 부산
한달음에 달려가는 꽃길 열었네

4

봄산

용트림하는 용지봉
산벚꽃 진달래 어우러져
희끗희끗 화장을 하고
손 내민 가지마다 악수 청한다
긴 산등선 타고
고개 한 번 저어보면
연두빛 사이사이
남아있는 그림자

봄산은 스카프 한 장 두르고 있다

봄

꽃샘추위는
할 말이 있다는 듯 왔다 가고

메마른 우듬지 바알간 살이 차오르고
마른 풀 무덤 사이 코딱지꽃 보일 듯 말 듯
꽃이란 짧은 인사처럼
잎이란 짧은 대답처럼
봄길을 걸어요

돌아오지 않는 조각들
아지랑이 속에 아른거리고
늘어선 가로수 봄비에 젖어
도로가 개업 점 바람인형처럼
온몸 흔들겠어요

봄날은 아물아물 멀어지고요

저수지

둑 아래
커다란 거울 하나 하늘 향해 누워있다
키 큰 나무, 지나가는 구름, 초저녁 달 품은
산 중 물빛 거울

바람이 지나가면 일렁이는 거울
오리 두 마리 명경알 닦듯 물걸레질하면
잉어도 제 얼굴 보려고
퍼드득, 물 위로 올라왔다 사라진다

잔잔해진 수면 위에
다시 떠오르는 그대 생각

카페 드 플로르

용학도서관 가는 길
작은 꽃궁전 찻집 있다
앉을 자리마다
꽃과 겸상하는 그 찻집에
꽃 같은 사람들과
끝없는 이야기꽃 나누다보면
씨줄 날줄로 엮은 꽃대궐 차리고
밤늦도록 꽃향기 뱉어내는 시들지 않는
꽃손님이었다

꽉 다문 꽃잎일까
CLOSE
꽃구름처럼 지나가는 지상철 종점 아래
뿌연 먼지 쌓이고 쌓이는 까만 알파벳
CLOSE
오며가며 돌아보는 불 꺼진 카페
꽃과 음악 시의 경계가 허물어졌던 곳
시나브로 점 하나 찍고 지나가는
속눈썹 정거장

간절기

그대 떠나듯
여름도 떠났다
움츠려드는 가을 문턱
누비이불 하나 사들고 돌아오는 길
어중간한 걸음 뒤따라오는 할머니
"간절기 이불이시더"
할머니 간절하게 다시 묻는다
"관절용 이불인교?"

가까이 보면 볼수록
봄바람에 활짝 핀 배꽃, 그 자리
누른 봉지 씌운 배가 주렁주렁 달려 있다
간절기에 먹으라는 보약 한 재 지어먹고
관절용 이불 하나면 해마다 감기 걱정 사라질까?
바람막이 정도
온도계 붉은 기둥 내려간다

물정거장

기이한 소문을 들은 사월보성 뒤편 논과 밭 사이 기연지(起蓮池) 있다 바람은 둑에 갇혔는지 오도가도 않는 여름 끄트머리 건너 편 경부선 무궁화호 이야기처럼 길게 지나가고 부풀어진 푸른 연잎은 소문처럼 파다하게 퍼져 있었다 저녁노을 등에 업고 둑 한 바퀴 걷고 나는 연이 닿는 둑 아래로 내려앉았다 연꽃봉오리 마이크 삼아 휘파람 불고 연등 켜지는 밤이 왔다

밤이 오고
바람 없이 누운 연못에
풀벌레 소리만 수군거리는데
첨벙, 연못 속에 뛰어든 달 있었다
해도 달도 쉬어가는 물정거장
내 마음 풍덩 빠지고 돌아온 밤이었다

접시

접시에도 서열이 있다
줄을 세우고
탑을 쌓고
때마다 허무는 것은 내 일이다

접시에도 꽃이 핀다
하얀 도라지꽃
빨간 김치꽃
때마다 피는 꽃은 내 취향이다

어느 날
내가 울고 너도 따라 울었다

쨍그랑

두레밥상

수요일은 시율이다

시고, 쓰고, 달고, 맵고, 짠 맛들이
큰 상에 어우러져 눈으로 맛을 본다
색깔 다른 재료들은 남편을 뭉개고 모성을 적시고
활자계단 짚어가며 흰 종이 위에 맛을 내었다
초보 조미료 맛에 입을 다물었고
고참 기수 깔끔한 맛에 입이 절로 벌어졌다
두레밥상 차려진 자리에서
한 말씀 듣고자
일주일을 기름 짜듯 짜낸 시 한 술
매운 회초리에는 감칠맛 내었다

다시 피는 꽃으로
그 나물에 그 밥 일 년만에
비빔밥 한 그릇되었다

청송 일기

여름 끝 무렵 오른 청송
길가에 줄 선 사과나무 주렁주렁 물결 이루고
물 머금은 들길 시퍼런 풀칼 사납게 엉겨있다
돌아앉은 숲 속 작은 집 꽃같이 숨어서
우릴 기다리고 있었다
늦저녁이 띄운 한 입 깨물은 달 하나
객들은 손잡고 순항을 빌었다

방호정 담장에 핀 파리한 기와 이끼
계곡 큰물 황급히 떠나는 장맛비
정자 아래 뻗은 나뭇가지 사이에 낀 황톳물은
그물에 걸린 물고기인양 파닥거린다
폰에 찍힌 거센 물
액자 속에 까딱없이 고여 있다

빈엔루트

달 보러 가는 루트가 없어
지구를 돌아가는 시간이 필요했다
오월 보름 늦은 오후에
우리는 만촌동 빈엔루트 갔다
저만치 보이는 달무리
억 만 톤 시가 위태한지 황급히 달려간 문우
두 팔 안전벨트하고 골목길 내려온다

헝클어진 잿빛머리
변하지 않는 시집 속 사진 마주하며
갈색 선글라스 너머 긴 사인
구면이고 초면인 문우들 앞에
느린 박자로 둥, 둥, 둥 달북소리 울리면
우리는 언 빨래되어 몸을 부러질 듯 세우고
귀를 바짝 모았다

시가 그렇듯 커피 루트
우리는 원샷 그는 투샷

마른 티슈 낱장처럼 희끗,* 한 소절 읊으며
그를 만나고 그와 헤어진 빈엔루트
우리는 한참 달무리에 붙잡혀 있었다

* 문인수 시 「르네쌍스」에서 빌림.

약초

그녀는 한사코 아들 낳겠다며
팔공산 갓바위 수 차례 오르고
온갖 양밥의 정성일까
큰 딸 입시 문제로 다툴 고 2에 늦둥이 아들 낳았다

아들 몫까지 돈 모아야 한다며
휴일도 없이 아등바등거리는데
"애들 아빠는 뭐 하시고 당직하며 애를 봅니까?"
"오래 살아야 한다며 휴일마다 산에 약초 캐러 갑니다"
"약초가 요기 있는데 산에는 뭐 하러 간답니까?"

친구들 만원 내고 손자 자랑하는 모임에서
뺑뺑이로 운 좋게 가까운 중학교 들어갔다며
늦둥이 아들 운 타령하는 그녀
나이 많은 아빠 엄마 졸업식에도 오지 말라는
열네 살 사춘기 그 아들
늦은 촉 세우고

모정

볕 좋은 가을날
꼼짝없이 자식 위해
손자 봐주는 친구 만났다
손자손녀 돌보다가
골병든 동네 병원 할머니 환자 많다더니
오른쪽에 팔 깁스하고 나왔다
힘은 들어도 예쁜 구석 더 많다며
폰에 담긴 손자 사진 보여준다
하루도 쉴 틈 없는 손자 돌보기
이순이 코 앞이라
마디마디 고장이 잦고
몸과 마음이 잘 따라오지 않아도
걱정하는 자식 안타까워
지어온 약도 감추고 먹는단다
높고 높은 가을 하늘이다

겨울 연화

청도 유등지 캄캄한 진흙 밤
꽃 피운 흔적만 얽히고설켜
살얼음 낀 연못 속에 갇혀 있다

얼음장에 세워진 마른 대궁 파삭한 연잎
빈소 앞에 주저앉은 허연 삼베치마 입은
홀로 남은 여상주 곡소리 묻어나는 연못가에
철 잃은 날벌레들 날아와
차가운 연꽃 시비에 조문하는

얼음 속 천 년을 꽃피울 연등

가을산

합천 해인사
경내에서 백 미터 내려오다 보면
고목 한 그루 서 있다

부러진 화살 같은 이쪽 가지 끝
새 한 마리 앉아
수 만 가지 경전 중
수묵 한 장이다

나뭇잎으로 어깨 감싼 저쪽 생가지
오색 가을산 출석부에
붉은 도장 찍는다

김치미소

한 시절
붉게 피던 꽃
김치 속에 다 시들었고

억 만 번
그어야지 겨우 잡힌다는
주름꽃
얼굴 가득 피어 있다

셔터 앞에
작아지는 김치미소

주산지

가뭄 끝에
목이 마른 주산지
주전자 물은
누가 다 마셨나

발 담근 왕버들
마른 땅에
벌 서고 있다

아프리카 개구리
초판 인쇄 2018년 2월 20일
초판 발행 2018년 2월 27일

지은이 / 전 종 옥
펴낸이 / 박 진 환

펴낸 곳 / 만인사
출판등록 / 1996년 4월 20일 제03-01-306호
주소 / 41960 대구광역시 중구 명륜로 116
전화 / (053)422-0550
팩스 / (053)426-9543
전자우편 / maninsa@hanmail.net
홈페이지 / www.maninsa.co.kr

ISBN 978-89-6349-113-4 03810

값 9,000원

* 이 도서의 국립중앙도서관 출판시도서목록(CIP)은 서지정보유통지원시스템 홈페이지(http://seoji.nl.go.kr)와 국가자료공동목록시스템(http://www.nl.go.kr/kolisnet)에서 이용하실 수 있습니다(CIP제어번호 : CIP2018005763).